Jean-Pierre Hubert

LA SOPHROLOGIE

EDITIONS MORISSET

Dans la même collection

L'analyse bioénergétique
Guy Tonella

L'hypnose Ericksonienne
François Paul Cavalier

La créativité
Hubert Jaoui

La gestalt-thérapie
Jean-Marie Robine

La pensée positive
Alain Héril

La P.N.L.
Patrick Sary

La psychanalyse jungienne
Elizabeth Leblanc

L'analyse transactionnelle
Simone Mortera - Olivier Nunge

Les thérapies cognitives
Christophe André

Les thérapies familiales
Alain Héril

La visualisation
Monique Egé

SOMMAIRE

12, avenue de Corbéra - 75012 Paris

ISBN : 2-909509-20-6

Maquette : SCHNEPP Agence

Introduction

Naissance et historique de la sophrologie

La conscience est la forme que prennent nos états psychiques dans certaines conditions déterminées au nombre de trois :

• Des conditions biologiques, les opérations conscientes impliquant le sentiment du réel et le sens du présent.

• Des conditions sociales, l'attitude critique n'étant fondée que quand notre pensée se heurte à des pensées différentes.

• Des conditions psychologiques, les états de conscience étant ceux où de nombreux éléments psychiques se trouvent contournés en un acte unique de pensée.

La conscience est la forme que prennent nos états psychiques sous certaines conditions déterminées. On peut dire que c'est une investigation permanente entre le monde qui nous entoure et notre propre monde intérieur, celui de la pensée et des perceptions, selon les références qui nous sont en mémoire (un peu comme l'ordinateur et le microprocesseur). Elle est à la fois intuition et réflexion. Il est vrai que les définitions de la conscience sont fort nombreuses. L'exposé et la discussion de ces définitions ne sont pas l'objet de ce livre. Science de la conscience, nous allons définir la sophrologie.

DEFINITION DE LA SOPHROLOGIE

Science de la conscience, la sophrologie est d'abord une Ecole Scientifique qui étudie la conscience. Elle prétend même être une science basée sur des techniques précises. Elle étudie la conscience, ses modifications par des moyens chimiques ou psychologiques permettant d'en modifier le contenu dans un but thérapeutique, prophylactique, ou pédagogique. Un grand nombre de techniques sophroniques ne sont pas de l'ordre de la thérapie et de la prescription mais de l'apprentissage et de l'humanisation relationnelle dans un but d'apprentissage non thérapeutique.

La sophrologie a pour origine les racines grecques Sos-Phren-Logos signifiant "science de l'esprit serein dans l'étude de l'harmonie de la conscience". Le mot "sophrologie" comporte donc deux significations majeures qui permettent de mieux cerner la définition :

• SOS, "Sain, intact" mais aussi "Sûr et certain". En effet, en grec ancien "SOS" représente un état sain de l'esprit et du cœur, avec une idée de bon sens, de modération conforme à l'inscription en fronton du temple de Delphes : "Sois en sagesse".

• PHREN est le diaphragme proprement dit et par extension la membrane qui enveloppe un organe, par exemple le cœur. C'est aussi le cœur et l'âme, siège de nos sentiments, de la passion, de la joie, de la douleur et de la crainte, de l'amour et de la haine, ainsi que des sensations physiques.

NAISSANCE

L'Ecole scientifique de sophrologie a été fondée à Madrid en 1960 par le Professeur Alfonso CAYCEDO, psychiatre colombien, à l'initiative d'un groupe de médecins à majorité stomatologistes : les Docteurs DE LA MACORRA, Garcia VINCENTE, Arias BLANCO, Perez SLOCKER, SOL el SALAGARAY.

La sophrologie a pris son point de départ dans l'observation et l'exploration des phénomènes hypnotiques que pratique ce premier groupe d'étude, dans une remise en cause profonde de ces phénomènes, y compris un changement radical de terminologie pour se délier, en un premier temps, de l'ancienne hypnose. Les phénomènes de la conscience non pathologique devinrent ainsi fiables comme hypothèse d'école, en justifiant la devise à laquelle nous restons fidèles : "Conscientia noscatur" "Pour que conscience soit connue". La sophrologie fondait ainsi son esprit et ses méthodes sur le principe du phénomène en soi (néo-catésianisme) de la réalité objective qui entre en jeu dans toute relation interhumaine, et le principe d'action positive (agir compte tenu de nos ressources positives).

A la suite de sa rencontre avec Ludwig BINSWANGER à Kreutzlingen en Suisse, CAYCEDO a repris les bases de l'école phénoménologique d'HUSSERL (Fribourg/Brisgau). C'est sur les conseils de BINSWANGER qu'il reconsidéra le concept de conscience humaine ordinaire en l'écartant de toute pathologie. Un voyage et un séjour prolongé en Orient lui permirent d'étudier les traditions. Les possibilités, pour ne pas dire les techniques, qu'ont les orientaux pour changer d'états de conscience purent alors s'adapter à la conception purement occidentale dérivée principalement des états hypnotiques, dont l'étude avait été reprise par les Américains à la fin des années cinquante.

La définition d'origine donnée par CAYCEDO en 1960 à la fondation de l'Ecole est la suivante : "La sophrologie est l'étude de la conscience humaine et de ses modifications par des moyens physiques, chimiques et psychologiques". Si les moyens physiques (interventions chirurgicales, électrochocs) et les moyens chimiques (chimiothérapie, allopathie) ne sont pas négligeables, ce sont essentiellement les moyens psychologiques qui sont étudiés par la sophrologie.

L'application de la sophrologie est née du cadre médical, tout en réservant trois grandes surfaces :

- Prophylactique ;
- Thérapeutique ;
- Pédagogique.

La pédagogie sophronique sort du cadre médical dans des conditions très précises, par exemple dans l'éducation physique et sportive telle qu'il est souhaitable de la voir évoluer dans l'harmonisation corps-esprit et sous la responsabilité de l'éducateur. L'Ecole Française, depuis 1978, a précisé la définition de la sophrologie. La sophrologie est une science qui s'applique à l'étude de la conscience humaine, elle étudie :

- Les modifications des états de la conscience ;
- Les modifications des niveaux de la vigilance ;
- Les moyens de produire ces modifications.

Elle s'intéresse :

- Aux techniques appartenant en propre à la sophrologie, telles la sophronisation de base, les sophronisations, la relaxation dynamique, etc.
- A toutes les techniques, passées ou présentes, susceptibles de répondre à cette définition.

La sophrologie est aussi un art à finalité philosophique. Cet art est fondé sur les techniques de sophronisation. Il vise à mettre l'individu à même de prendre en main la conduite de sa propre totalité psychosomatique :

- Par le vécu de sa propre conscience ;
- Par la maîtrise des moyens qui permettent d'en modifier le contenu, les états et les niveaux de vigilance, par le contrôle qu'il opère sur son propre psychisme et sur son propre corps, de la façon la moins directe possible. ■

CHAPITRE 1

Les origines de la sophrologie. La complémentarité Occident-Orient

La sophrologie dans ses bases mêmes soutend une liaison entre les deux grandes traditions, celle de l'Occident et celle de l'Orient, sans vouloir privilégier l'une ou l'autre mais sans omettre aussi notre formation d'Occidentaux.

La première grande voie est celle de l'Occident, faisant référence à l'Epodé de la tradition hellénistique : pouvoir du verbe, force de l'incantation sous toutes ses formes (le jeune Carmide du dialogue de SOCRATE). Les rituels hébraïque, chrétien (chant grégorien), islamique, représentent des possibilités bien connues de modifications des niveaux de conscience. Citons plus tard le rituel afro-américain du sud (Macumba, Condomblé, Vaudou, etc.) et au XVIIIème siècle le magnétisme animal de MESMER et les expériences de l'Abbé FARIA. BRAID, en 1843, nomma hypnose des manifestations diverses au cours du "sommeil" provoqué, tel par exemple, la catalepsie oculaire. Illustrée par CHARCOT (Ecole de la Salpétrière), LIEBAUT et BERNHEIM (Ecole de Nancy), JANET, SCHULTZ, l'hypnose, malgré les erreurs de l'Ecole de Paris dont elle souffre encore, occupe l'une des surfaces majeures de l'action thérapeutique. De l'hypnose sont nées la psychanalyse puis l'analyse (FREUD, JUNG, ADLER, etc.) ensuite ce que nous pouvons appeler la dérivation reichienne : végétothérapie et analyse bioénergétique.

La sophronisation naît des initiations de l'hypnose avant même de donner un ensemble de techniques et une science ayant sa propre identité : la sophrologie. La sophrologie possède quatre "passerelles" de relations :

• Avec l'hypnose, suggestion et psychologie recouvrante ;

• Avec la tradition de l'Orient, comme dans la relaxation dynamique dont les rapports avec le yoga et le zen sont évidents ;

• Avec la bioénergie dans la corporalité, l'écoute du corps et la recherche de réponses qui peuvent souvent se manifester sous la forme de vibrations-tremblements ;

• Avec l'analyse dans la sophrologie découvrante, système d'anamnèse et d'écoute qui met le praticien dans une position analogue.

Ces différentes qualités font une part du mérite de la sophrologie :

• Possibilité pour l'Occidental d'appréhender rapidement des moyens issus des "techniques" orientales ;

• Application pratique de méthodes comportementales ou découvrantes.

Si l'homme est sans doute partiellement défini par sa

conscience, il paraît encore difficile d'élucider le problème de la place particulière qu'il occupe dans le monde de la vie. Pour les biologistes, il détient une situation privilégiée dans la famille des primates dont il représente une évolution supérieure en permanente mutation. Pour les philosophes, il se distingue du monde animal par son psychisme singulier, son mode de vie, voire sa morale. On verra que ces deux points de vue, loin d'être compatibles, se complètent au fur et à mesure que la recherche moderne se fait plus précise et plus rigoureuse.

L'HOMME FRUIT D'UNE MUTATION

Les Hominoïdes personnifient un groupe d'espèces relativement proches les unes des autres. Ils groupent les singes anthropomorphes tels le gorille, l'orang-outang et même le gentil chimpanzé qui présentent à peu près tous les attributs de l'homme et apparaissent à nos yeux comme d'assez proches cousins. Le mutant humain se caractérise et se distingue, au sens le plus complet du mot, par des remaniements chromosomiques et par des mutations intramoléculaires qui l'ont engagé vers l'étape de l'Homo Sapiens.

Parmi les valeurs sélectives les plus fortes, c'est le développement du psychisme qui continue de définir plus spécialement le rameau actuel.

On sait que chaque palier, sur lequel les forces irrésistibles semblent prendre un nouveau souffle régénéré, s'accompagne d'une augmentation de la capacité volumétrique de la boîte crânienne, d'un progrès du psychisme et d'un comportement culturel et social. Partant de l'Homo Habilis dont le volume ne dépasse pas 500 cm^3, l'Homo Erectus est déjà doté d'un cerveau plus grand et plus lourd : il connaît et utilise le feu, se perfectionne dans la fabrication des outils et possède surtout une capacité de langage plus étendue, encore que rudimentaire. Il quitte l'Afrique Australe pour venir coloniser d'autres lointaines régions. Cette migration le distingue encore plus particulièrement du reste du monde animal en représentant une décision, une curiosité, un acte volontaire dont ne peut se targuer aucune autre espèce animale, étant bien entendu que les migrateurs ne partent que pour revenir ensuite à leur point de départ.

L'homme de Neanderthal bénéficie d'un crâne encore plus développé et sa progression culturelle s'accélère, alors même que les mutations biologiques se font plus discrètes. La structure du système nerveux central ne subit pas de modification, le volume du cerveau est de 1 500 cm^3, le même que celui de l'homme aujourd'hui, alors que s'épanouissent le psychisme et la culture avec une rapidité déconcertante jusqu'à la présente découverte de la maîtrise et de l'utilisation de l'atome.

Il est permis de penser que cette mutation n'étant pas terminée, les performances de notre cerveau n'en sont qu'à leurs balbutiements avec quatorze cent milliards de neurones à utiliser. Cette première constatation constitue l'une des bases et l'une des raisons de la théorie de la sophrologie. La discussion, qui tendrait au contraire à voir un terme dans l'évolution actuelle du cerveau humain, paraît contrebattue par la réserve biologique que constitue ce nombre impressionnant de cellules potentielles. Très vite, il existe donc une conscience individuelle qui, par le biais de la parole puis de l'écriture, engendrera une conscience collective dont les accumulations permettront à l'homme de progresser, de comprendre et de disposer de la pensée, aussi bien que du geste, au sein d'une conscience réfléchie.

Nous verrons que, dans la suite des différenciations, la libération de la main et l'opposition du pouce donneront une autre destination au massif facial. Les maxillaires perdront leur rôle de préhension pour ne laisser la place qu'à l'action de la mastication et de la phonation au détriment d'organes dentaires comme la canine et la dent de sagesse (troisième molaire) qui, comme chacun le sait bien, ont tendance à régresser en donnant des accidents infectieux parfois pénibles ou dangereux.

D'autre part, le redressement opéré dans la station verticale debout a entraîné des conséquences toujours actuelles dans le comportement et la représentation de l'image de soi. D'où les interprétations de différentes écoles comme le Biologisme qui préside avec MONTESQUIEU et BUFFON à la naissance de l'Anthropologie.

BASES PHILOSOPHIQUES DE LA SOPHROLOGIE

Comme toute la médecine, la sophrologie représente une philosophie de la vie, mais c'est aussi une philosophie de l'harmonie de l'existence. La sophrologie a son caractère propre. Elle n'est pas une branche de la psychiatrie. HEGEL a commencé à étudier la phénoménologie en 1807, date qui peut être interprétée comme le moment de démarrage de la pensée phénoménale moderne. Rappelons qu'il publie cette année-là son livre "La Phénoménologie de l'Esprit". C'est ainsi qu'on commence à parler d'une conscience qui peut s'ouvrir et qui peut en quelque sorte entamer un cheminement qui lui est particulier. Nous savons les influences de JUNG et de BRENTANO sur HUSSERL dont la vie s'établit sur les XIXème et XXème siècles. Simultanément, BERGSON prend lui aussi la conscience en considération. Mais BERGSON n'était pas tellement rationaliste. HUSSERL l'était fondamentalement par son orientation phénoménologique sans concessions, consacrant quarante ans de sa vie à formuler une remarquable base philosophique. En 1929, HUSSERL assume un cycle de conférences en Sorbonne sur la méditation. La phénoménologie est ainsi présentée comme une méthode de recherche, bien que ce ne soit pas une école, étant donné qu'elle ne peut être considérée comme une application particulière à quelques chercheurs. Le but suprême de HUSSERL apparaît en 1935 quand il parle de phénoménologie transcendantale dans ses conférences à Vienne. La phénoménologie a donc un esprit ambitieux, en ce sens qu'elle veut s'imposer comme une "science démontrable" et en conséquence comme une base de la philosophie de toutes les sciences.

SYSTEME D'APPROCHE EN SOPHROLOGIE

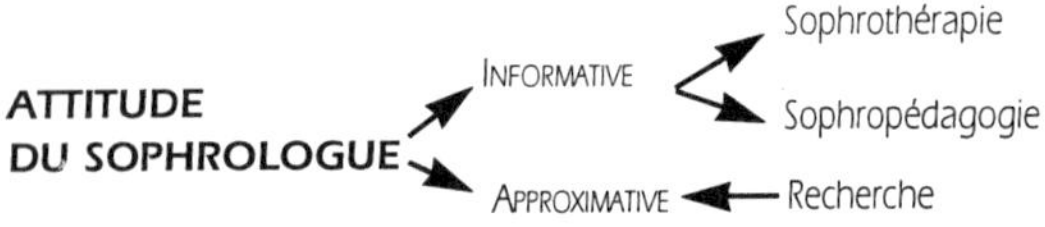

DESCARTES

- Doute hyperbolique
- Négation systématique
- Admet la force de l'évidence
- L'ego cogito = je pense

COMMENTAIRE

DESCARTES donne ce que l'on peut appeler un mécanisme inversé. Il existe ou il n'existe pas. Dès qu'il y a le moindre doute, c'est la négation absolue. Il n'admet que la force de l'évidence et définit en cela une méthode de recherche.

HUSSERL → Réduction phénoménologique

- Retour à l'objet en soi
- Suspension du jugement
- Conséquence : mise entre parenthèse
- Captation de la pluridimensionalité de sens (intentionnalité)
- Intuition d'essences

COMMENTAIRE

La méthode de HUSSERL peut être considérée comme un néo-cartésianisme. Le principe en est la réduction phénoménologique. Cette réduction va entraîner un retour sur l'objet par une reconsidération du phénomène lui-même. La phénoménologie ne rejette aucune théorie, y compris les théories psychiatriques. Pour progresser, on pourra revenir au système de la mise entre parenthèses. Par exemple, si nous décidons d'étudier dans cette ligne de conduite à la schizophrénie, nous allons arrêter à un certain moment le fil des déductions sans nier ce qui a été précédemment établi. Nous allons suspendre le jugement à partir de l'acquis antérieur, procéder à une suite de recherches phénoménologiques.

APPROCHE SOPHROLOGIQUE DE CAYCEDO

- Réduction phénoménologique
  - Retour à l'objet en soi
  - Suspension de jugement
  - Mise entre parenthèses
- Etude existentielle
  - Facteur d'historicité
- Vérification méthodique
  - Captation de l'universalité
  - Expérimentation objective
  - Méthodes inductives
  - Méthodes déductives
  - Méthodes type d'approche en sophrologie

PHÉNOMÉNOLOGIE (HUSSERL, HEIDEGGER)	Les essences phénoménologiques ne connaissent pas l'histoire quoiqu'elles comprennent leur temporalité.
ANALYSE EXISTENTIELLE (BINSWANGER)	Elle s'appuie sur la phénoménologie. Elle étudie l'historicité des racines psycho-pathologiques de la maladie (psychiatrie, phénoménologie).
APPROCHE SOPHROLOGIQUE (CAYCEDO)	Elle s'appuie sur la phénoménologie. Elle admet le facteur de l'historicité. Elle s'appuie sur la vérification méthodique (sophrologie méthodologique).

CE QU'EST LA SOPHROLOGIE, CE QU'ELLE N'EST PAS

Ce qu'est la sophrologie

C'est une nouvelle école médicale caractérisée par trois objectifs fondamentaux :

- L'étude scientifique de la conscience humaine.
- La pratique d'une philosophie humaniste.
- L'emploi d'une méthode d'entraînement de la personnalité et d'une thérapeutique.

Ce que n'est pas la sophrologie

La sophrologie n'est :

- ni l'hypnose, l'hypnose est actuellement un chapitre

expérimental de la sophrologie, ses techniques ont été supportées et sont employées de moins en moins ;

• ni exactement une méthode orientale de libération : les méthodes orientales classiques exigent, indiscutablement, un engagement avec leur philosophie et leurs croyances religieuses. La Sophrologie est une école médicale non confessionnelle.

• ni la parapsychologie : la parapsychologie est une école (pas nécessairement médicale) qui étudie surtout les phénomènes paranormaux ; elle est plus ancienne que la sophrologie et ses objectifs sont différents.

• ni la psychiatrie : la psychiatrie est une branche spécialisée de la médecine dont l'objectif fondamental est l'étude et le traitement des maladies mentales. La sophrologie s'adresse surtout aux sujets non considérés comme psychopathes.

• ni la médecine psychosomatique : la médecine psychosomatique, en marge du problème conceptuel que pose sa terminologie, est une école qui part d'une conception pathogénique de l'être humain et dirige ses recherches fondamentales vers l'étude de l'homme malade. La sophrologie maintient une conception non pathogénique de l'être.

L'ENTRAINEMENT SOPHROLOGIQUE

C'est une méthode d'intégration de la personnalité qui conduit à la pratique d'une philosophie et une discipline existentielle. Elle se fonde sur deux principes fondamentaux :

• Principe du schéma corporel comme réalité vécue ;

• Principe d'action positive.

L'entraînement sophrologique selon la planification du Pr. CAYCEDO peut se réaliser de trois façons, chacune avec ses caractéristiques particulières :

• Entraînement sophrologique individuel ;

• Entraînement sophrologique en groupe (par la pratique de la relaxation dynamique) ;

• Entraînement sophrologique collectif (ESC) : il s'adresse spécialement aux personnes "non malades", dans le but de réveiller l'énergie sous-jacente d'une façon progressive. Il active des mécanismes universels positifs de l'être humain, autant dans son aspect organique que mental. Il se réalise en deux parties : la première se base sur les techniques de sophro-acceptation progressive, et la deuxième sur la technique de sophro-stimulation projective. ■

CHAPITRE 2

La conscience ordinaire et les techniques de base

LA CONSCIENCE

Ayant défini la sophrologie, il reste à donner une définition de ce que l'on peut entendre par conscience. La conscience est la connaissance intuitive ou réfléchie que nous avons de nous-même et de l'environnement.

Elle implique :

• La capacité de synthèse des perceptions transmises par l'extérieur et qui forment la trame de notre vie psychique ;

• Elle déborde largement la notion de vigilance (Henri EY) ;

• Elle concerne la totalité de la vie psychique à un moment déterminé (JASPERS) ;

• Elle serait la fonction du système perception-conscience (FREUD : théorie métapsychologique).

La conscience est une fonction fonctionnelle sur le monde intérieur et sur le monde extérieur. La sophrologie considère et étudie la conscience “normale”. Mais qu’est-ce que la “normalité” ?

La normalité statistique

Statistiquement, est normal celui qui n’est ni psychotique, ni névrotique.

Pour FREUD cependant, il n’y a aucune différence fondamentale entre un individu normal et névrosé, non psychotique.

Etre normal, c’est à la fois être comme tout le monde et n’être comme personne (ce qui fait notre personnalité). Est normal celui qui réunit les conditions suivantes :

• Qui s’adapte à lui-même (heureux en lui-même) ;

• Qui s’adapte aux autres (qui ne nuit pas aux autres).

La vigilance

La conscience implique la notion de vigilance, son étude se faisant sous trois formes :

• L’introspection ;

• L’observation du comportement ;

• L’enregistrement de l’électroencéphalogramme, (variations de potentiel électrique du cortex cérébral).

Distinguons sept stades de vigilance allant de la sidération émotionnelle (comportement mal adapté) à la perte de conscience sans conservation de réactions motrices (coma), autrement dit s’étageant des ondes alpha désynchronisées aux ondes delta aplaties.

Le niveau sophro-liminal se situe aux stades 3 et 4 c'est-à-dire :

- L'état vigile inattentif,
- La disponibilité potentielle,
- La détente plus profonde.

La relaxation musculaire étant déjà un état hypnoïde, en sophrologie, on atteint le niveau sophro-liminal par deux systèmes essentiels d'apprentissage :

- Le training autogène de SCHULTZ (cycle inférieur)
- La sophronisation de base.

MODIFICATIONS QUALITATIVES ET QUANTITATIVES DE LA CONSCIENCE

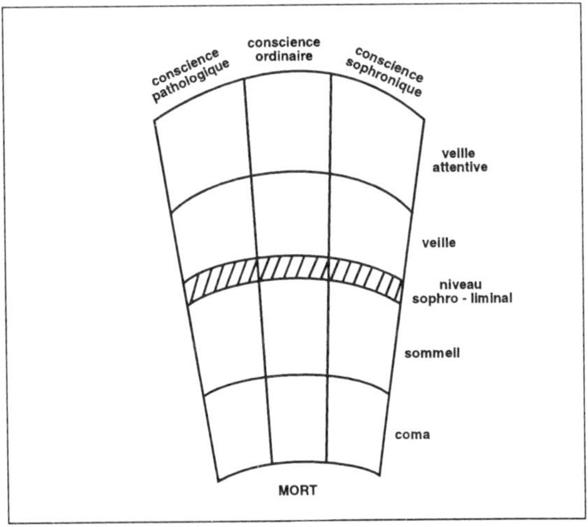

Le premier schéma didactique fondamental de CAYCEDO explique la conception sophrologique des états et des niveaux de conscience.

Il représente trois états de conscience :

- La conscience pathologique ;
- La conscience ordinaire ;
- La conscience sophronique ;

avec deux possibilités antagonistes à partir de la conscience dite ordinaire : la possibilité existentielle pathologique, la possibilité existentielle sophronique.

Il représente aussi quatre niveaux :

- Deux niveaux supérieurs, la veille active, la veille ;
- Deux niveaux inférieurs, le sommeil, le coma.

Ajoutons un niveau virtuel inférieur donné par CAYCEDO hors les quatre niveaux cités : la mort. Les niveaux supérieurs et inférieurs se trouvent placés de part et d'autre du niveau sophro-liminal, ligne de seuil crépusculaire que nous traversons en principe au moins deux fois par vingt-quatre heures, lorsque nous nous endormons et lorsque nous nous réveillons. S'il est très clair dans sa conception originelle, le premier schéma comporte des imprécisions, voire des omissions et un illogisme qui ont entraîné d'importantes modifications tout en demeurant fidèle à la représentation initiale. Le schéma n°2 représente donc ces modifications au nombre de trois :

1) Le schéma initial de la conscience n'est que la partie "visible" de notre appareil psychique. En fait, la conscience "émerge" de l'inconscient comme une surface recouvrant les profondeurs en une sorte de figure géométrique dans l'espace. Le schéma transformé doit être alors contemplé "en relief", ménageant ainsi l'inconscient.

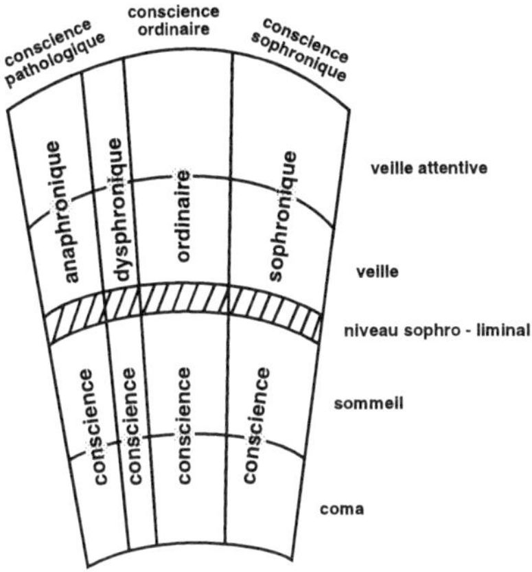

Conscience anaphronique = Psychose
Conscience dysphronique = Névrose
Anaphronique - dysphronique = Border - line

2) Par principe, la conscience sophronique est très extensionnelle, au contraire de la conscience ordinaire et à plus forte raison de la conscience pathologique. Nous avons donc supprimé la ligne supérieur qui limitait cette conscience. Par définition aussi, cette conscience extensionnelle à but anti-pathologique tend, nous le verrons, à certains états spéciaux de fusion cosmique qui tendent eux-mêmes vers la perte de l'ego : samdhi, nirvana, satori, extase, orgasme, etc.

Cette progression est bien dans la ligne de la relaxation dynamique dont le troisième degré fait référence au zen.

3) La frontière entre la conscience pathologique et la conscience ordinaire n'est plus représentée par une ligne rigide : pour FREUD, il n'y a aucune différence fondamentale entre un individu normal et un individu névrosé. D'autre part, on pourra remarquer, sur le schéma ci-dessous l'importance du niveau sophro-liminal en conscience sophronique : il devient pratiquement à lui seul un cinquième niveau. En effet, les possibilités d'évolution en niveau sophro-liminal dans l'état de conscience sophronique sont beaucoup plus larges qu'en conscience ordinaire et ont rapidement tendance à s'amenuiser en conscience pathologique.

SCHEMA DE BASE DE L'ÉCOLE FRANÇAISE

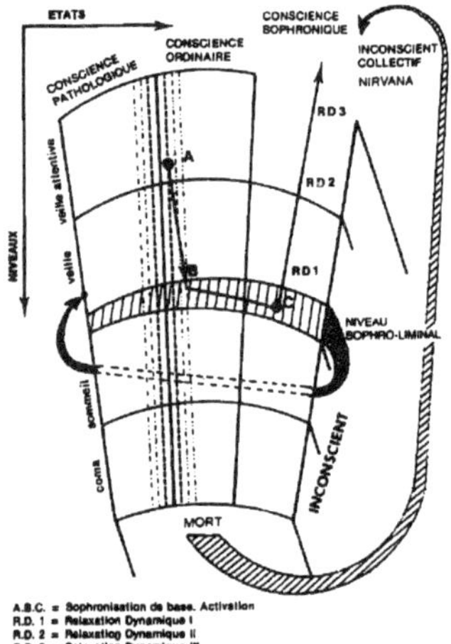

A.B.C. = Sophronisation de base. Activation
R.D. 1 = Relaxation Dynamique I
R.D. 2 = Relaxation Dynamique II
R.D. 3 = Relaxation Dynamique III

(École française. — Schéma modifié)

Cependant, la représentation plane de ce schéma n'apparaît pas totalement satisfaisante. Imaginons donc de le rendre sphérique tel le passage de la carte de Mercator au planisphère. Que se passe-t-il ? Le niveau sophro-liminal devenant une sorte de ligne équatoriale, la mort (pôle inférieur) rejoint l'inconscient collectif, état de fusion pour les orientaux (Samadhi, Satori, rien en Tout du Zen, concept également conforme au principe de nirvana (SCHOPPENHAUER et FREUD) et au nirvana de l'Orient, pulsion de mort pour les premiers, évolution ascendante pour les seconds, état de plénitude et de vie, mais dont l'aboutissement est identique.

Nous voyons aussi que l'extrême conscience sophronique, sans doute le génie, va rejoindre l'extrémité pathologique, ce qui veut dire que si le thérapeute n'est pas au clair avec lui-même, il y a risque de déviation non plus vers une ligne ascendante de la relaxation dynamique, mais vers l'univers de la pathologie. Enfin, cette représentation sphérique apparaîtra satisfaisante si nous constatons que l'inconscient occupe toute la profondeur, cette sorte de magma vertigineux, alors que le conscient revêt une mince pellicule de surface, mais dont l'importance est considérable.

LE TRAINING AUTOGENE DE SCHULTZ

Le training autogène de SCHULTZ se compose de deux cycles : le cycle inférieur, méthode d'apprentissage de relaxation et le cycle supérieur, méthode analytique. Nous nous intéresserons dans ce chapitre au cycle inférieur. Il est caractérisé par six stades d'inductions précédés de la formulation “je suis tout à fait calme” dès que le sujet a adopté sa posture de relaxation, assis (position cocher de fiacre) ou allongé.

• Stade 1 : pesanteur

“Je suis tout à fait calme et mon bras dominant est lourd, très lourd, de plus en plus lourd. Mon autre bras, sous l’effet du relâchement musculaire est lourd, très lourd, de plus en plus lourd. Mes deux bras sont lourds, mes jambes sont lourdes. Tout mon corps est lourd”.

• Stade 2 : induction sur la chaleur

“Ma main dominante est chaude, agréablement chaude. Mon autre main est chaude, agréablement chaude ; mes deux mains sont chaudes, agréablement chaudes”.

• Stade 3 : induction sur la fonction cardiaque

“Mon cœur bat calme et régulier, mon cœur est fort et régulier, et je suis tout à fait calme”.

• Stade 4 : induction sur la fonction respiratoire

“Je suis tout à fait calme et je suis toute respiration, mon ventre et ma poitrine se soulèvent régulièrement comme un bateau à l’ancre sur une mer calme, avec une houle longue, très longue… comme un flux et un reflux. Tout mon corps respire, je suis toute respiration”.

• Stade 5 : induction de la chaleur sur le plexus solaire

“Mon plexus solaire est chaud, agréablement chaud. Et cette chaleur diffuse dans mon corps : mon ventre est chaud. Tout mon corps devient chaud… tout mon corps est chaud… comme plongé dans un bain agréablement chaud”.

• Stade 6 : induction front frais

“De ce bain agréablement chaud émerge mon visage et il y a un agréable souffle d’air frais sur mon front. Je suis tout à fait calme et mon front est frais, agréablement frais.

Cette fraîcheur active mon intelligence, mon intuition, ma perception. Je laisse venir une image agréable, calme, et je suis tout à fait calme".

• Reprise (fin de l'exercice)

"Je fais une profonde respiration en pliant les avant-bras sur les bras : une fois, deux fois, trois fois. J'ouvre les yeux".

La durée de chaque exercice est de trois minutes environ, à répéter trois fois par jour, pendant deux à trois semaines pour chaque stade. Ensuite, on répète rapidement chaque stade avant de passer au suivant, toujours deux à trois semaines pour chaque stade. L'entraînement doit être assimilé en trois mois environ (jusqu'au stade "front frais"). Le sujet entraîné met de cinq à dix minutes pour arriver au stade six, c'est-à-dire au niveau sophro-liminal. Il est également utile de faire une synthèse : une fois devenu autogène, donc autonome, le sujet peut en n'importe quelle circonstance se décontracter par une véritable voie réflexe. Dans la vie active l'utilité d'une telle méthode est évidente et ses applications sont multiples.

LA SOPHRONISATION DE BASE

La sophronisation est l'action de sophroniser. Toute technique sophronique commence par une sophronisation de base qui est une véritable "porte d'entrée" de l'activation intra-sophronique et sa condition première. A l'origine, la sophronisation de base était appelée sophronisation simple. Nous avons modifié cette appellation parce qu'une sophronisation n'est jamais simple au risque de banaliser un acte majeur. Ce protocole permet de décomposer et d'interpréter rapidement la sophronisation et la désophronisation.

• Premier temps :
- La partie physique, le relâchement musculaire.
- La partie mentale améliorée, relaxation proprement dite.

• Deuxième temps :
- Travail sophronique en niveau sophro-liminal (zone X) ; s'y placent la suggestion thérapeutique, la technique sophronique choisie (recouvrante ou/et découvrante) et l'activation intra-sophronique.

• Troisième temps :
- La désophronisation, c'est-à-dire la reprise des tensions musculaires habituelles.
- Préparation mentale de sortie .
- Partie physique, reprise des tensions.

La sophronisation de base représente un entraînement élémentaire. L'apprentissage de la sophronisation de base peut apparaître plus rapide que le training de SCHULTZ en raison de son application même qui est beaucoup plus permissive.

Nous avons l'habitude de demander un entraînement de trois semaines environ comportant une sophronisation quotidienne de quinze à vingt minutes. Il peut être commode d'enregistrer avec le patient, dès la première séance, une cassette qui lui servira de support et dont il pourra disposer comme il le voudra.

La durée de la sophronisation varie de quelques secondes à une heure environ. Elle peut être employée en relaxologie comme une réponse de "décontraction" avant une intervention, un obstacle quelconque. Elle peut être aussi employée comme moyen d'accès à une psychothérapie dépendant de la durée de l'activation intra-sophronique. Il faudra de ce fait compter dix minutes de sophronisation de base, trente minutes de sophrothérapie, cinq minutes de désophronisation et quinze minutes d'entretien environ.

La sophronisation est l'acte de sophroniser, à ne pas confondre bien entendu avec la sophrologie en général. La sophronisation est une méthode d'intégration de la personnalité. Certains de ses procédés peuvent être utilisés en thérapie, en pédagogie, ou en entraînement et renforcement des structures de la personnalité. La sophronisation est un processus qui mène à la modification des niveaux de la conscience humaine afin d'obtenir la production d'états spéciaux connus sous le nom d'états sophroniques. Il peut être hétérodirigé ou autogène. Il faut différencier clairement le processus de sophronisation du concept de sophrologie. On opère une distinction entre la sophronisation dynamique et la sophronisation statique.

La sophronisation dynamique définit une sophronisation au cours de laquelle sont effectués différents mouvements, les yeux fermés ou ouverts, dans différentes positions dans le but d'activer certains processus. On décrit ensuite la sophronisation statique comme une séance au cours de laquelle le patient demeure immobile, les yeux fermés, sans réaliser d'exercices physiques. Il dénomme auto-sophronisation simple, une technique de déclenchement identique réalisé individuellement. Pendant la sophronisation peuvent se produire des modifications sensitives de différentes parties du corps. Elles peuvent être dirigées ou autogènes. C'est la sophro-somatisation. La sophrologie dans son véhicule fondamental représenté par la sophronisation profite de nombreuses investigations de l'hypnose en Occident depuis le siècle dernier. Les phénomènes hypnotiques méritent donc une étude approfondie, car les Orientaux ne se sont pas laissés arrêter par le polymorphisme expérimental de la première partie du processus (par exemple, la lourdeur et la chaleur du SCHULTZ, cycle inférieur). Autrement dit, ils ne s'arrêtent pas à la conception des modifications transitoires de la conscience enclenchées par le phénomène hypnotique. Ils en étudient les possibilités en intégrant les phénomènes dans leurs recherches. Mais leurs interprétations s'avèrent en général confuses pour la compréhension de l'homme occidental.

La connaissance des phénomènes de l'hypnose a enrichi les conceptions sophroniques dans leur origine en écartant les affirmations bien établies sur la rencontre de phénomènes qui ne sont pas toujours permanents ou qui appartiennent aux manifestations de la conscience pathologique. L'hypnose a aussi permis d'étudier les modifications structurelles que la conscience sophronique présente par rapport à la conscience ordinaire.

L'expérimentation sophronique se fera donc par le biais de la conscience dite ordinaire, tout en sachant que certains états de conscience pathologique peuvent subir des modifications sophroniques qualitativement différentes de celles que nous avons mentionnées dans la conscience ordinaire. Leurs principes présentent une certaine identité mais sont vécus dans ces derniers cas depuis le monde de la conscience pathologique.

On remarque que lors d'une première approche en sophronisation, ce qui attire peut-être le plus l'attention du thérapeute, est le fait de constater que les techniques rituelles auxquelles on fait souvent appel dans l'hypnose ne sont pas nécessaires pour induire les états connus sous le nom d'états hypnotiques. Tout le monde est donc d'accord pour admettre que cette première approche propre à l'hypnose n'est pas indispensable pour approfondir le phénomène. Les techniques dénommées d'induction hypnotique sont donc différentes des techniques de sophronisation. En sophrologie, on a systématiquement renoncé aux ordres qui peuvent apparaître comme des situations contraignantes ou des situations de défi pouvant entraîner les résistances du patient, telle la fermeture des yeux et l'impossibilité de les ouvrir. On est arrivé ainsi à dénommer certains phénomènes spéciaux de la conscience obtenus avec les yeux ouverts "hypnose en état de veille", affirmant comme donnée certaine le fait que l'hypnose serait un phénomène inconscient. La sophronisation ne permet pas d'affirmer systématiquement la réponse consciente, du fait même que dans son essence, elle fait appel à l'observation et au vécu de phénomènes conscients (sensation).

Pendant la sophronisation, on ne constate pas d'approfondissement défini dans les tableaux de profondeur hypnotique, gradations où l'amnésie caractérisait ces états profonds.

L'expérimentation sophronique autogène ou hétérogène, sans caractère de continuité, enclenche le processus de sophronisation. Des phénomènes psychophysiques seront expérimentés pendant cette sophronisation et présenteront un caractère sui generis soulignant l'individualité de chacun. La technique commence par une relaxation musculaire dite simple, ne relevant d'aucun défi ; cette sorte d'évocation des lieux du corps tendant à franchir la barrière musculaire peut engendrer différents états, allant jusqu'aux états de grande profondeur dans l'hypnose, mais toujours sans aucun moyen de défi.

Une "plasticité imaginative" exceptionnelle pendant les états sophroniques peut être remarquée sous deux formes possibles :

• Un développement de la sophro-productivité en activant souvent le monde du fantastique et du fantasmatique pendant la sophronisation, pouvant accéder à la production d'hallucinations diverses.

• Une sophro-stimulation imaginative permettant souvent la représentation de situations sous formes très variées, ainsi que la représentation imaginaire de situations passées ou futures qu'elles appartiennent ou non à la réalité vécue. Cette capacité est utilisée aussi bien en sophro-thérapie qu'en sophro-pédagogie, allant de la psychothérapie à l'obstétrique et à l'entraînement.

Protocole type d'application de la sophronisation de base

Le praticien emploie un verbe régulier : le terpnos logos qui a perdu beaucoup aujourd'hui de son caractère lent et monotone pour céder la place à un verbe plus naturel. C'est sur ce rythme particulier du terpnos logos que seront passés en revue certains lieux du corps, véritables "lieux-germes" de la détente somato-psychique. A titre d'exemple, voici le terpnos logos que nous employons depuis plusieurs années :

"Vous vous installez confortablement allongé et pour être plus à l'aise avec vous-même, vous pouvez fermer les yeux. Commencez par détendre votre front : impression de front lisse. Vous rayez les rides d'expression de votre front. Laissez aller vos yeux, les muscles autour de vos yeux, derrière vos yeux. Détendez les joues : les faces externes, en rapport avec votre visage, la face interne, en rapport avec votre bouche… la langue souple, les dents desserrées, les lèvres entrouvertes, comme si votre maxillaire inférieur était un peu plus lourd. Laissez aller les muscles de votre cou, vos épaules, vos bras, les ligaments de vos coudes, vos avant-bras, les ligaments de vos poignets que vous voyez et que vous vivez détendus, vos mains et vos doigts jusqu'au bout des ongles. Ayant détendu vos épaules et vos bras, vous détendez tout naturellement les muscles de votre nuque et, dans cette position allongée, comme si, pour le moment, les muscles de votre nuque n'existaient pas… maintenant, laissez aller votre ventre, votre ventre "segment du corps", toute votre ceinture musculaire abdominale. De même votre thorax, "thorax-segment". Ainsi, vous relâchez également votre dos. Cette relaxation se fait en rapport et en harmonie avec la présence de votre respiration que vous vivez complètement. Relaxez maintenant votre cerveau… Pour la relaxation de votre cerveau, il y a deux méthodes. La première, mettre votre cerveau au repos, comme un muscle, un très court moment, comme si vous placiez une feuille blanche devant votre cerveau, en bannissant toute image. La deuxième, laisser venir les images, les idées, les réflexions, mais sans s'arrêter dessus, sans réfléchir, en les laissant passer comme les wagons d'un train dans un horizon lointain. Progressivement au fur et à mesure de votre entraînement, vous essayerez d'employer la première méthode… Je vous laisse quelques instants pour cette détente de votre cerveau…

Maintenant, relaxez les jambes, en commençant par les cuisses, les muscles profonds, les muscles superficiels, les ligaments de vos genoux, les muscles de vos mollets, les ligaments de vos chevilles et vos pieds… Après avoir détendu les différents segments de votre corps, vous réunissez maintenant ces différents segments pour vivre votre corps global, complètement détendu, au-delà de la barrière musculaire.

Placez-vous à l'écoute de votre corps, dans un début de dialogue. Un dialogue comporte des demandes et des réponses, et votre corps répond - ou va répondre - par des phénomènes : sensations agréables, avec la notion de plaisir, sensations neutres, c'est-à-dire n'ayant pas beaucoup d'importance ou aucune importance pour vous, ou toute autre sorte de sensations…

Après ce moment privilégié, faites-vous maintenant à l'idée de "reprise" c'est-à-dire la reprise de vos différentes tensions musculaires utiles… Pour commencer cette reprise, faites une profonde respiration puis une autre, encore une autre. Remuez les doigts, les mains, serrez puis desserrez progressivement les poings. Remuez les orteils et les pieds. En remuant les mains et les pieds, vous sentez revenir des tensions dans vos bras et dans vos jambes. Tout en respirant de nouveau très fort, étirez-vous. Tirez sur les bras, tirez sur les jambes, corps arc-bouté et plein d'énergie. Et maintenant, sans vous presser, quand vous en aurez envie, vous pourrez ouvrir les yeux".

Ce protocole est commode et peut paraître logique, la décontraction commençant par la tête qui est pour l'occidental, le lieu du corps le plus "avouable" donc le moins difficilement abordable. Le relâchement musculaire brasnuque est physiologiquement juste ; la remontée ventre-poitrine-tête est conforme à la ligne d'énergie médiane donnée par REICH et à la kundalini. Terminer par les jambes et les pieds accuse la notion d'enracinement dans l'image du corps.

Nous allons voir, en effet, que les lieux du corps cités dans la sophronisation de base sont conformes aux segments reichiens et aux lignes d'énergie de la tradition orientale. ■

CHAPITRE 3

L'écoute du corps et la relaxation dynamique

L'APPROCHE REICHIENNE

Edifiée peu à peu par toutes sortes d'interdictions, telle l'interdiction de vivre précisément les émotions, d'expérimenter ses désirs ou d'épanouir l'intelligence, l'armure corporelle et caractérielle rigide se constitue sous la forme d'une véritable cuirasse. Le corps est métamérisé, formé d'anneaux qui le délimitent par segments au nombre de sept :

- l'anneau oculaire,
- l'anneau oral,
- l'anneau cervical,
- l'anneau thoracique,

• l'anneau diaphragmatique,
• l'anneau abdominal,
• l'anneau pelvien.

Ces sept segments sont perpendiculaires à la colonne vertébrale, formant avec elle des angles droits. Deux autres segments supplémentaires sont seuls parallèles, les épaules et les bras prolongeant l'anneau cervical, le bassin et les jambes prolongeant l'anneau abdominal et l'anneau pelvis-sexe. Si dans tout travail reichien s'inscrit une recherche systématique des zones de la cuirasse, pour libérer ces zones, il faut savoir que dans nombre de techniques sophroniques nous laisserons s'exprimer différentes sensations, déjà sollicitées dans l'activation intra-sophronique du travail de base. Le tremblement, les vibrations en sont la clef à travers la résolution des anneaux de la cuirasse. Le passage du courant d'énergie dans la ligne perpendiculaire corporelle entraîne selon les anneaux correspondants des fourmillements, des picotements, une sensation de chaleur, une coloration particulière, des rires ou des larmes. Ces excitations spécifiques (yeux, bouche, cou, diaphragme) et le démantèlement par le patient de nouvelles zones de blocage se manifestent par des points précis et parfois très aigus de sensibilité.

Ces points sensibles peuvent très bien se manifester au cours de différentes techniques sophroniques, ces manifestations ne devant jamais être considérées comme négatives, au contraire. L'état sophronique, tout en faisant appel au "positif" n'engendre pas forcément et d'emblée un état de relaxation, de bien-être et de disponibilité ; d'autant plus que nous pouvons remarquer que la sophronisation de base recouvre directement les sept anneaux reichiens.

Ajoutons l'importance que nous attachons à l'anneau cervical (travail sophronique de la nuque), à l'anneau diaphragmatique (importance capitale de la respiration) et à l'anneau abdominal-pelvien, incluant automatiquement sexe et jambes. Ce dernier segment est très souvent bloqué dans notre société se manifestant par des douleurs variées signifiant la contestation, la crainte des organes sexuels, voire le mépris du partenaire.

Nous verrons l'importance que la relaxation dynamique accorde au travail bassin-tête grâce à différents exercices d'inspiration yogique.

LA RELAXATION DYNAMIQUE

Malgré le terme de "relaxation" qui semble s'opposer a priori à celui de "dynamique", la relaxation dynamique est une méthode active de détente musculaire et mentale permettant d'aborder des niveaux d'hypervigilance, jusqu'ici réservés à une longue initiation. C'est une méthode de pédagogie de prévention et également une méthode thérapeutique.

La relaxation dynamique est une technique de sophronisation individuelle mais surtout de groupe, se différenciant des techniques précédemment citées. Elle utilise comme activation intrasophronique des procédés inspirés de l'Orient en trois degrés.

Le premier degré réalise une technique adaptée du yoga, le deuxième degré fait appel à des techniques inspirées du bouddhisme et le troisième degré fait référence au zen. Mais la relaxation dynamique se complète par un véritable travail du corps et avec le corps, dans ses deux premiers degrés avec toutes les sollicitations que comportent les gestes et la représentation de ces gestes. Si bien que dans son caractère "découvrant", la relaxation dynamique n'est pas étrangère à une voie végétothérapique, réveillant les émotions qui vont ébranler l'armure corporelle. Il s'avère ainsi que la relaxation dynamique possède l'indéniable avantage de permettre la préhension des moyens de l'Orient liée à la découverte d'un certain langage du corps dans toute son importance émotionnelle, en liaison avec les résistances corporelles (W. REICH).

LE PREMIER DEGRE

Le premier degré représente déjà un démantèlement de centre de blocage en commençant par la respiration et le travail du diaphragme, le grand muscle de l'émotion, "en pilotage automatique" dans notre "insu" mais piloté et commandé dans notre "su". Le sujet se place très vite entre les lieux "du dessus", siège du "cœur" et de l'intelligence (affectivo-moteur) et le monde du "dessous", le secret, le sacré et le "honteux" (instinctivo-moteur).

Un point important s'attache à la notion de centre de gravité, lieu privilégié en rapport avec le centre de la terre que possède chaque individu dans sa façon "d'être au monde" faisant d'ailleurs de lui son individualité particulière en tant qu'être vivant.

C'est ainsi que se définit cette fameuse zone du "hara" (ventre en japonais) située sous l'ombilic, lieu géométrique de notre relation avec la terre. Ce lieu géométrique, sous-entendu dans le poids du training de SCHULTZ, représente en fait dans notre système un dépassement terre-cosmos, notre “place au soleil” devenant ainsi consciente à travers notre pesanteur, véritable vigilance de plus en plus sollicitée.

LE DEUXIEME DEGRE

Le deuxième degré constitue un chemin pour percer le secret du monde des présentations : la place dans laquelle nous nous représentons en nous situant à l’intérieur du monde de notre représentation.

Ce lieu difficile à découvrir est le point hara et est généralement occulté en nous.

Nous allons donc nous placer expérimentalement dans une représentation à l’intérieur de laquelle nous introduirons une nouvelle structure de notre vécu en dépassant le problème de “l’œil” qui ne peut se regarder lui-même. Ici, se placent des gestes qui constituent deux exercices fondamentaux :

• celui de la conscience “enveloppante” regardant le corps “noyau”,

• celui qui permet de contempler le corps physique, notre habitacle.

Lorsque cette harmonie sera atteinte, le deuxième degré constituera le moyen d’aborder nos mécanismes secrets dans les limites de mieux en mieux connues de notre corps-objet, travail de perceptions dans la prise de conscience des lieux de perception (par exemple, concentration sur les organes des sens, émetteurs, récepteurs).

LE TROISIEME DEGRE

Le troisième degré se consacre d'abord à la recherche d'un équilibre entre le sur-moi et les pulsions. Dans cet équilibre, nous commençons par l'évocation du "hara" par l'adoption d'une posture tendant à libérer les tensions, en allant au-delà de la cuirasse musculaire. Apparaît alors ce qui ne peut se dire avec des mots. Nous entrons tout naturellement dans le silence dès l'instant que la voix d'accompagnement devient superflue, voire gênante, et nous laissons surgir "quelque chose" dans lequel ce qui est contemplant, ce qui est contemplé et le lieu de contemplation deviennent une seule et même évidence.

Cette qualité particulière du vide se traduit par l'accession à l'état de "viduité", tout à fait compatible avec le "tout en rien" du zen auquel il est fait en partie référence dans la relaxation dynamique du troisième degré, entraînant autant de points d'interrogation et renouvelant, comme l'écrit DURAND de BOUSINGEN, "notre non-savoir sur ce que nous cherchons tous et qui émerge dans le silence de l'existence".

Le déroulcment de la relaxation dynamique demande à peu près trois mois pour chaque degré, à raison d'une séance environ par semaine. Durée de la séance : une heure à une heure trente.

La séance est obligatoirement suivie d'un entretien, soit individuellement, soit avec le groupe, et avec "l'aide" du groupe. S'ébauche donc un programme d'interprétation personnelle et d'évolution analytique pour chacun des participants. Citons encore deux méthodes d'applications individuelle ou en groupe :

• Le training autogène modifié

• La méthode debout-assis-couché (les trois postures de la vie)

Ces méthodes font référence au cycle inférieur du training autogène de SCHULTZ, auquel elles adjoignent une série de gestes et d'exercices respiratoires. Elles comprennent :

• Une prise de conscience des mouvements, tensions et relaxation musculaire.

• Une série d'exercices activant les sensations de poids, de chaleur (y compris chaleur plexus) et la régulation cardiaque.

• La relaxation proprement dite dans les trois positions (debout-assis-couché).

• La possibilité d'application d'un entraînement personnel à domicile.

LE QUATRIEME DEGRE

Le quatrième degré est une synthèse des degrés précédents affirmant la prise de conscience : la conscience est le corps et le corps est la conscience. ■

CHAPITRE 4

La méthodologie

Nous allons maintenant aborder la méthodologie à travers les différentes techniques d'application de la sophrologie dont nous évoquerons les principales.

L'APPROCHE SOPHROLOGIQUE

• Réduction phénoménologique (issue de la méthode de HUSSERL)

- Retour à l'objet en soi.
- Suspension du jugement : on observe.
- "Mise entre parenthèse" conséquence de la suspension de jugement et passer outre (élimination d'un blocage).

• Etude existentielle.

- Facteur d'historicité.

• Vérification méthodique.

- Captation de l'universalité (selon CAYCEDO, supposée commune à toute l'humanité).

- Expérimentation objective (néo-cartésianisme de l'Ecole phénoménologique).

- Méthodes inductives d'application.

- Méthodes déductives.

- Méthodes types d'approche propres à la sophrologie en fonction du contenu de la conscience : le contenu présent, le contenu latent, le contenu rationnel, le contenu irrationnel.

Les deux groupes de techniques qui vont suivre sont applicables, dans la grande majorité des cas, en relation duale. La sophro-correction sérielle, la sophro-anamnèse, la sophro-mnésie, la sophro-analyse, ne sont applicables qu'en relation duale.

METHODOLOGIE SOPHRONIQUE

LES TECHNIQUES RECOUVRANTES

Dans cette première série de techniques, il ne s'agit pas de rechercher les causes des symptômes, ni d'opérer un profond remaniement personnel, mais d'utiliser au maximum le potentiel dynamique du sujet et de développer pour trouver "d'autres issues" que son blocage de l'expression symptomatique, pour des solutions mieux adaptées.

• la sophro-acceptation progressive

Son but est de vivre une action par anticipation, une

situation à venir, sous son angle le plus positif. Cette méthode est utile lorsqu'on veut modifier certaines attitudes relatives à des situations précises, ou encore si l'on souhaite se préparer à une "épreuve". En état sophronique, le sujet visualise mentalement l'accomplissement complètement positif d'un souhait et s'en imprègne profondément.

Ses applications sont multiples. Citons essentiellement :

- la préparation à l'accouchement, vécu par anticipation d'un accouchement parfaitement harmonieux et détendu ;
- la préparation aux interventions chirurgicales, visualisation de la réussite totale de l'opération, motivations pour la vie quotidienne après l'intervention, visualisation d'une récupération fonctionnelle rapide ;
- l'entraînement à la compétition sportive, se voir "vainqueur", au mieux de sa forme, sans trac, "être au sommet" ;
- la préparation aux examens ou épreuves diverses, se voir passer l'épreuve avec succès, augmentation de la concentration, élimination des interférences affectives néfastes.

La sophro-acceptation progressive repose sur les capacités positives, dynamiques dont le sujet dispose, elle utilise l'autosuggestion imagée, particulièrement efficace en état sophronique.

• La sophro-correction sérielle

Son but, c'est le vécu d'étapes en étapes, de situations jusque là anxiogènes où, progressivement, l'angoisse fera place à une attitude calme et sereine.

Ses applications : phobies, épreuves. En état de conscience sophronique, le sujet se "déconditionne" par rapport au vécu négatif d'une situation, ou se prépare à une épreuve future en anticipant par images mentales le déroulement, point par point, de la journée d'examen par exemple. Le vécu a priori "négatif" sera transposé en un vécu "positif". Il ne s'agit pas de rechercher l'origine des symptômes, mais de transformer la réponse du sujet à une situation anxiogène.

• La sophro-substitution sensorielle

Son but est de substituer une sensation corporelle à une autre ; par exemple, douleur par transmutation en sensation de chaleur.

Ses applications : anesthésie, analgésie. Cette technique est d'un recours particulièrement précieux pour toute intervention douloureuse (odonto-stomatologie par exemple). Notons que l'apprentissage à l'analgésie-anesthésie sophronique nécessite un certain type de relation thérapeute-patient, même si l'objectif est de transposer une sensation "organique" par une autre.

Ces techniques ont en commun les caractéristiques thérapeutiques suivantes :

• le transfert thérapeute-patient est utilisé, mais bien entendu non décodé,

• l'état sophronique favorise la suggestibilité du sujet qui sert de l'imagerie positive pour développer ses potentialités,

• le parti-pris de "recouvrement" est inhérent à l'espace thérapeutique hypnotique.

Les techniques découvrantes

Dans ce deuxième groupe de techniques, le patient effectue une thérapie à médiation corporelle dont la visée est de "découvrir" (dans le sens de "mettre à nu", et aussi d'explorer et interpréter) la signification des symptômes.

Il remet ainsi en question une structuration personnelle tributaire de son passé relationnel ou situationnel. Les conflits passés vont être réactualisés et dépassés dans le cadre d'une relation transférentielle.

• La sophro-anamnèse

Son but est de rechercher des images, des affects agréables ou désagréables, à partir desquels on pourra par la suite associer d'autres images liées à ces affects, afin éventuellement remonter à la "source" des symptômes. La sophro-anamnèse donne des repères quant à l'histoire psychologique du sujet.

Ses applications : recherche d'images-écrans en vue d'obtenir des images de S.A.P. (images positives, de détente...) ou surtout des images servant de point de départ à une sophro-mnésie. Elle constitue donc des "clichés" essentiellement diagnostiques mais elle marque aussi le point de départ d'un travail thérapeutique "en profondeur" qui se poursuit en sophro-mnésie ou en sophro-analyse. En ce sens, on peut dire qu'elle est une technique charnière entre les approches recouvrantes et découvrantes. Les "clichés" obtenus sont souvent une condensation d'éléments affectifs symboliques, plus ou moins réels, plus ou moins imaginaires. Ils sont infiltrés par les processus de "pensée primaire".

• La Sophro-mnésie

Son but est l'intégration dans la conscience de la cause des émotions, des "complexes", des conflits, en revivant intensément les émotions liées à telle ou telle situation passée. La sophro-mnésie trouve son application en psychothérapie ; recherche causale, effet cathartique et intégration dans la conscience, avec détachement de la situation anxiogène et conséquemment levée du symptôme. Cette technique conduit le sujet à une confrontation entre réel-imaginaire-symbolique. La sophro-mnésie engage le sujet dans sa totalité, en unissant les images, les sensations, les émotions liées aux souvenirs. Elle met en évidence la complexité personnelle : désirs, défenses, pulsions de vie, de mort...

Le sujet retrouve son passé tout en libérant son expression fantasmatique ; il explore sa "problématique" personnelle et opère un remaniement structurel et individuel en profondeur. Le travail thérapeutique effectué en sophro-mnésie exige la présence du souvenir, de l'émotion et de la verbalisation.

• La sophro-analyse

Son but est la libre-association d'images mentales, sans considération "chronologique". L'application est évidemment psychothérapique. Le degré de conscience sophronique va faire progresser le sujet dans sa connaissance de lui-même, plus rapidement qu'à l'état vigile. Cette technique est essentiellement psychanalytique. Le sujet laisse libre cours à ses fantasmagories, à ses productions imagées, à ses verbalisations, tandis que le thérapeute adopte l'attitude d'écoute la plus "neutre" possible. Ce faisant, il facilite l'expression émotionnelle et participe aux "décodages" nécessaires, en fournissant au moment opportun certaines interprétations.

Ce deuxième groupe de techniques a les particularités suivantes :

• L'accent est mis sur la mise à découvert de la problématique personnelle ; elles portent donc sur la totalité de l'individu, conscient, inconscient, passé, présent, imaginaire, réel… sans présupposé "positif" ou "négatif";

• Elles impliquent une approche transitionnelle régressive;

• La recherche des significations sous-jacentes aux productions vécues ou imaginées, se fait dans le cadre d'une relation transférentielle interprétable en fonction des besoins de son évolution ;

• Tout ceci caractérise une approche sophro-thérapique relevant de l'espace thérapeutique psychanalytique.

Cette utilisation de la sophrologie nécessite une formation analytique pour ne pas méconnaître, ne serait-ce que pour éviter de les utiliser, les moyens très importants donnés par le transfert et le contre-transfert (ou l'alliance sophronique). En effet, la cure sophronique ne peut, bien souvent, être maintenue dans la rigidité d'un comportementalisme systématique, ne relevant que de la phénoménologie. Conditionner ou déconditionner le patient par des solutions rapides et banalisées est une action pour le moins provisoire et malheureusement dangereuse parce qu'elles provoquent un déplacement et non par la résolution authentique d'un problème. L'intérêt des techniques découvrantes est de laisser au patient une liberté verbale que l'on doit savoir rigoureusement respecter.

LA SOPHROLOGIE DU LIMITE AU TRANSCENDANT

Rappelons que le cursus sophronique débute par la sophronisation de base, évoluant dans l'espace hypnotique de la psychologie recouvrante et de la suggestion alors que le thérapeute, dans la relation transférentielle, occupe une position prépondérante.

Transfert et alliance sophronique

Le transfert, faisceau de perceptions, domine et structure la relation : c'est une relation particulière à double fonction, résistance et support de projections. Bien maîtrisé, c'est l'un des plus puissants moyens thérapeutiques, d'où son importance et sa dignité. Le thérapeute en est le dépositaire dans une sorte de coït potentiel allant à la naissance de l'être ; relation privilégiée s'il en est dans une "reliance" d'être à être, une rencontre et une résurgence à travers une identification de l'un à l'autre, le contre-transfert étant l'ensemble des réactions inconscientes du thérapeute dans sa liaison avec le patient.

L'alliance sophronique, contrat d'accompagnement justifié par le raisonnement, se veut terme de démarrage et prétend échapper à l'intensité du transfert. En fait, c'est une visée terminale, terme d'arrivée, transfert mature. Elle ne se substitue en rien à la responsabilité d'aménagement de la situation transférentielle, la réussite dépendant aussi bien de la structure mentale du patient que de celle du thérapeute (co-dépendance).

Ceci introduit la notion de pensée positive, reflet primaire de la sophrologie, et la notion d'interaction permanente entre le conscient et l'inconscient, entre le "su" et "l'insu".

C'est la problématique soulevée par les données neuves de la sophrologie et c'est aussi le moyen, grâce à elle, d'esquisser "la grande rencontre" entre l'instrument thérapeutique et la transgression existentielle. ■

CHAPITRE 5

Indications et contre-indications de la sophrologie

En fonction de l'ensemble de la symptomatologie psychosomatique et de l'évidence de la nécessité de la prévention, la sophrologie apparaît, dans son mode d'application clinique, comme un moyen d'adaptation au stress.

• Le système endocrinien est particulièrement concerné, la vie émotionnelle ayant une action très marquée sur certaines glandes, l'hypophyse et les glandes sexuelles (hyperexcitabilité, obésité, troubles divers relevant de la sexothérapie).

• Le système cardio-vasculaire évoque d'emblée l'utilité de l'action préventive autant que curative. L'entraînement sophronique est tout indiqué chez les personnes particulièrement surmenées, soumises à un rythme de vie accéléré et à toutes les formes de pollution et altérations diverses.

• L'appareil gastro-intestinal est l'un des systèmes les plus agressés par les troubles anxiogènes. Des troubles comme la colite et la dyspepsie sont parmi ceux qui peuvent être le plus efficacement traités par la sophronisation.

Citons encore les possibilités de traitement en allergologie, en algologie et dans le domaine chirurgical, pré-opératoire et post-opératoire. La sophrologie représente un excellent appoint en gynécologie, sexologie, dermatologie (psychosomatique par excellence) ainsi que dans le domaine de la médecine interne, favorisant de façon spectaculaire la relation praticien-patient tout en donnant une optimisation de l'efficiente thérapeutique. C'est encore un moyen privilégié en odonto-stomatologie, transformant la collaboration per-opératoire et l'acceptation des prothèses.

• En kinésithérapie, la sophrologie permet d'une part d'activer toute méthode de rééducation, et d'autre part de privilégier l'écoute et la réponse du corps dans un domaine bien précis, la spécialité évoluant, à juste titre, vers la conception de l'entité mental-corps.

• L'obstétrique est concernée par la sophrologie dans le cadre quasi-institutionnel de la préparation psychologique (P.P.O.). L'art de l'accouchement s'intègre dans l'éducation maternelle comprenant la préparation obstétricale proprement dite et la sophro-relaxation. Une naissance bien vécue, tant par la mère (voire le père) que par l'enfant met en évidence le comportement harmonieux du bébé et l'élimination de la souffrance qui s'inscrit si vite dans le corps et la "cuirasse". Enfin on remarquera que les méthodes employées visent toutes à un renforcement du Moi. La sophrologie, faisant partie de l'arsenal de la psychologie, constitue donc un moyen sans prétendre apparaître comme un substitutif. Elle a une importance remarquable dans le traitement des névroses et, sous l'impulsion d'analystes, est entrée dans l'institution psychiatrique dès l'instant qu'un individu ne présente plus un état dit "normal" mais au contraire un état de conscience altéré : passage par des temps intermédiaires, états de conscience liés à l'inquiétude, angoisses, tremblements, impression subjective de perdre son identité ou son individualité (névrose obsessionnelle, angoisse psychotique...).

Les techniques sophroniques ont l'avantage de contribuer à apporter une augmentation de présence, le sujet abandonnant son volontarisme pour "ressentir". Le champ d'application psychiatrique est si vaste qu'il dépasse le cadre obligatoirement succinct de l'énumération des indications. Mais on peut dire que la sophrologie apporte au spécialiste une dimension particulière et favorable dans le rôle de plus en plus diversifié et responsable qui est le sien. Soulignons bien que le principe de l'entraînement et de la cure sophronique comporte deux dimensions : la relation duale ou le travail de groupe. Il peut y avoir mixage, certaines techniques s'adressant mieux à la relation de groupe qu'à la relation individuelle. En fait, la spécialité et la personnalité du praticien sont prépondérantes dans la méthode à adopter.

Quelles sont les contre-indications ? On voit mal comment un début de relâchement musculaire correctement mené pourrait s'avérer contre-indiqué. Parlons plutôt de difficultés. Elles vont du refus du patient jusqu'à sont enthousiasme "débordant" et concernant le propre investissement du thérapeute dans une relation contre-transférentielle qu'on ne peut négliger. Or, le premier danger de ces méthodes est la banalisation : on a engagé une “alliance”, un accompagnement contractuel limité et le patient s’engage dans une liaison “passionnelle” avec le praticien sous la forme d’une écoute attentive, puis d’une verbalisation, d’une demande de rencontres accélérées et multiples, prélude à une demande “d’amour” toujours sous-jacente dans la relation soignant-soigné. Si la formation du thérapeute est insuffisante, cette situation allant à la dérive, à l’instar de l’analyse sauvage à la suggestion massive, deviendra vite pour le moins défavorable.

D’autre part, un entraînement banalisé peut très bien faire disparaître rapidement un symptôme primaire, répression provoquant l’apparition d’un autre symptôme faisant passer dans nombre de cas d’un trouble fonctionnel à une altération structurelle et à sa chronicité. Ne jamais perdre de vue “médecine de sortie” (symptôme) et “médecine d’entrée” (cause profonde). Les méthodes de relaxation à base de méthodes douces ou appuyées n’échappent évidemment pas à cette distinction.

Compte tenu de cette particularité, le risque apparaît comme iatrogénique : risque de faire apparaître une névrose constituée ou des troubles péri-névrotiques par occultation de la symptomatologie primaire. La méthode est contre-indiquée sans une qualification spécifique chez un malade psychotique, hors de l’institution, dont la pathologie n’est pas toujours foncièrement évidente. Il n’est pas toujours facile en effet de reconnaître névroses et psychoses, conversions de l’hystérie et du phobique, rites obsessionnels chez l’asthénique… Comme dans toute spécialité, la prudence demeure la règle dans une éthique bien comprise qui ne doit être perçue comme une inhibition par le praticien. ■

Conclusion

La sophrologie ouvre donc un double secteur :

• Primo, celui de la technique et de l'application scientifique toujours vérifiée et remise en cause, le praticien se limitant face au champ de l'investigation dans le plein épanouissement de son art. Médecine, écoute et relation de l'homme total, la sophrologie s'inscrit bien dans l'interprétation de la naturothérapie.

• Secundo, la sophrologie aborde sans restrictions la philosophie humaniste dont le support est bien l'application scientifique. Les limitations volontaires souhaitables, dans la mesure où elles ne sont pas un obstacle à l'évolution personnelle, garantissent le processus de recherche au sein d'une légitime aspiration. C'est à l'Etre, tout au long de son existence, de discerner "son bien". Entre tradition, libération et acceptation, la sophrologie, liant la complexité des deux surfaces hypnoïde et analytique, se distingue, à la condition de ne jamais banaliser, comme un moyen de réflexion d'un immense et essentiel mérite. ■

BIBLIOGRAPHIE

• Discours, parcours et Freud
BINSWANGER L. - Gallimard (1970)

• L'aventure de la sophrologie
CAYCEDOA., DAVROU A. - Retz

• L'hypnose
CHERTOK L. - Payot

• Sophrologie et sport
DUCHATEL - La Norière

• La relaxation
DURAND DE BOUSINGEN R. - PUF (1961)

• De la relaxation à la sophrologie
DURUZ G. - Ecole de Sophrologie de Genève

• Comprendre la sophrologie
GAMBA L. - Ecole de Sophrologie de Genève

• Sophrologie pour enfants (cassette et CD)
HUBERT M.J. - Editions Morisset

• Les racines de la conscience
JUNG C.G. - Genève (1927)

• Le langage du corps
LOWEN A. - Tchou

• Vivons l'école autrement par la sophrologie
MANET G. - ESF

• Phénoménologie de la perception
MERLEAU-PONTY M. - Gallimard (1960)

• Hypnose, sophrologie et médecine
RAGER J. - Fayard (1973)

• Le syndrome de Perséphone
SORET J. - La Norière

DU MEME AUTEUR

• La relaxation dynamique
Centre de Sophrologie de Paris

• Traité de sophrologie Tome 1 Origines et développement
Le Courrier du Livre

• Traité de sophrologie Tome 2 Méthodes et techniques
Le Courrier du livre (en collaboration avec Abrezol R.)

QUELQUES ADRESSES UTILES

Pour les formations à la sophrologie, contacter :

FACULTE EUROPEENNE DE SOPHROLOGIE
87, boulevard Raspail
75006 PARIS
Tél. 45 49 24 64

REVUE "SOPHROLOGIE & CONNAISSANCE"
4 NUMEROS PAR AN
12, avenue de Corbéra 75012 PARIS
Tél. (1) 40 01 94 14

Imprimé en France. — JOUVE, 18, rue Saint-Denis, 75001 PARIS
N° 223240J. Dépôt légal : Janvier 1995